ANDRZEJ MOSZCZYŃSKI jest autorem 23 książek, 34 wykładów oraz 3 kursów. Pasjonuje go zdobywanie wiedzy z obszaru psychologii osobowości i psychologii pozytywnej.
Ponad 700 razy wystąpił jako prelegent podczas seminariów, konferencji czy kongresów mających charakter społeczny i charytatywny.

Regularnie się dokształca i korzysta ze szkoleń takich organizacji edukacyjnych jak: Harvard Business Review, Ernst & Young, Gallup Institute, PwC.

Jego zainteresowania obejmują następujące tematy: potencjał człowieka, poczucie własnej wartości, szczęście, kluczowe cechy osobowości, w tym między innymi odwaga, wytrwałość, wnikliwość, entuzjazm, wiara w siebie, realizm. Obszar jego zainteresowań stanowią również umiejętności wspierające bycie zadowolonym człowiekiem, między innymi: uczenie się, wyznaczanie celów, planowanie, asertywność, podejmowanie decyzji, inicjatywa, priorytety. Zajmuje się też czynnikami wpływającymi na dobre relacje między ludźmi (należą do nich np. miłość, motywacja, pozytywna postawa, wewnętrzny spokój, zaufanie, mądrość).

Od ponad 30 lat jest przedsiębiorcą. W latach dziewięćdziesiątych był przez dziesięć lat prezesem spółki działającej w branży reklamowej i obejmującej zasięgiem cały kraj. Od 2005 r. do 2015 r. był prezesem spółki inwestycyjnej, która komercjalizowała biurowce, hotele, osiedla mieszkaniowe, galerie handlowe.

W latach 2009-2018 był akcjonariuszem strategicznym oraz przewodniczącym rady nadzorczej fabryki urządzeń okrętowych Expom SA. W 2014 r. utworzył w USA spółkę wydawniczą. Od 2019 r. skupia się przede wszystkim na jej rozwoju.

Inaczej o dobrym i mądrym życiu to książka o umiejętności stosowania strategii osiągania wartościowych celów. Autor opisuje 22 aspekty, które prowadzą do bycia mądrym. W jakim znaczeniu mądrym?

Mądry człowiek jest skupiony na działaniu ukierunkowanym na podnoszenie jakości życia, zarówno swojego, jak i innych. O tym jest ta książka: o byciu szczęśliwym, o poznaniu siebie, by zajmować się tym, w czym mamy największy potencjał, o rozwinięciu poczucia własnej wartości, które jest podstawowym czynnikiem utrzymywania dobrych relacji z samym sobą i innymi ludźmi, o byciu odważnym, wytrwałym, wnikliwym, entuzjastycznym, posiadającym optymalną wiarę w siebie, a także o byciu realistą.

Mądrość to umiejętność czynienia tego, co szlachetne. Z takiego podejścia rodzą się następujące czyny: nie osądzamy, jesteśmy tolerancyjni, życzliwi, pokorni, skromni, umiejący przebaczać. Mądry człowiek to osoba asertywna, wyznaczająca sobie pozytywne cele, ustalająca priorytety, planująca swoje działania, podejmująca decyzje i przyjmująca za nie odpowiedzialność. Mądrość to też zaufanie do siebie i innych, bycie zmotywowanym i posiadającym jasne wartości nadrzędne (do których najczęściej należą: miłość, szczęście, dobro, prawda, wolność).

Autor książki opisuje proces budowania mentalności bycia mądrym. Wszechobecna indoktrynacja jest przeszkodą na tej drodze. Jeśli jakaś grupa nie uczy tolerancji, przekazuje fałszywy obraz bycia zadowolonym człowiekiem, to czy można mówić o uczeniu się mądrości? Zdaniem autora potrzebujemy mądrości niemal jak powietrza czy czystej wody. W tej książce będziesz wielokrotnie zachęcany do bycia mądrym, co w rezultacie prowadzi też do bycia szczęśliwym i spełnionym.

Szczegóły dostępne na stronie:
www.andrewmoszczynski.com

Andrzej Moszczyński

Inaczej
o pozytywnym
myśleniu

2021

© Andrzej Moszczyński, 2021

Korekta oraz skład i łamanie:
Wydawnictwo Online
www.wydawnictwo-online.pl

Projekt okładki:
Mateusz Rossowiecki

Wydanie I

ISBN 978-83-65873-13-2

Wydawca:

ANDREW MOSZCZYNSKI
I N S T I T U T E

Andrew Moszczynski Institute LLC
1521 Concord Pike STE 303
Wilmington, DE 19803, USA
www.andrewmoszczynski.com

Licencja na Polskę:
Andrew Moszczynski Group sp. z o.o.
ul. Grunwaldzka 472
80-309 Gdańsk
www.andrewmoszczynskigroup.com

Licencję wyłączną na Polskę ma Andrew Moszczynski Group sp. z o.o. Objęta jest nią cała działalność wydawnicza i szkoleniowa Andrew Moszczynski Institute. Bez pisemnego zezwolenia Andrew Moszczynski Group sp. z o.o. zabrania się kopiowania i rozpowszechniania w jakiejkolwiek formie tekstów, elementów graficznych, materiałów szkoleniowych oraz autorskich pomysłów sygnowanych znakiem firmowym Andrew Moszczynski Group.

Ukochanej Żonie
Marioli

SPIS TREŚCI

Wstęp	9
Rozdział 1. Optymizm w trudnych sytuacjach	11
Rozdział 2. Warto być optymistą	17
Rozdział 3. Optymista – jaki jest?	21
Rozdział 4. Jak nastawić się pozytywnie?	25
Rozdział 5. Wrogowie pozytywnego myślenia	31
Rozdział 6. Metody radzenia sobie ze stresem	33
A. Mechanizm powstawania stresu	34
B. Wychodzenie ze stresu	37
Rozdział 7. Spojrzenie w przyszłość	41
Co możesz zapamiętać?	43

Bibliografia 45

O autorze 61

Opinie o książce 67

Dodatek. Cytaty, które pomagały
autorowi napisać tę książkę 71

Wstęp

Pozytywne nastawienie – ta postawa życiowa zrobiła oszałamiającą wręcz karierę, choć samo sformułowanie nie jest przecież odkrywcze ani nowatorskie. Wiadomo: pozytywnie to lepiej niż negatywnie – chyba każdy się z tym zgodzi.

Jak więc nastawić się pozytywnie? Zanim jednak przejdziemy do tego, „jak?", warto odpowiedzieć sobie na pytanie: „czy?". Czy w ogóle warto nastawiać się pozytywnie do rzeczywistości? Jakie korzyści możemy z tego odnieść? Czy jakaś trudna sytuacja zmieni się na korzystną tylko dlatego, że będziemy wierzyć, że tak się stanie? Ja uważam, że tak. A przynajmniej nasz sukces jest dużo bardziej prawdopodobny, gdy wierzymy w jego osiągnięcie, niż wtedy, gdy zakładamy, że nam się nie uda. Jest jednak wielu przeciwników takiego podejścia. Twierdzą oni na przykład, że lepiej nie nastawiać się pozytywnie, lepiej „nie obiecywać sobie zbyt wiele", bo jeśli się nie uda, to rozczarowanie może być tym większe, może bardziej boleć niż gdybyśmy byli sceptyczni. Czyli – ich zdaniem – lepiej „rozczarować się pozytywnie". Czy rzeczywiście pozytywne nastawienie może przynieść więcej szkody niż pożytku? Jestem przekonany, że nie jest ono szkodliwe. Co więcej, jest wręcz niezbędne nie tylko do osiągania jakichś szczególnych, wyjątkowych sukcesów, ale także do codziennego życia. Jest po prostu warunkiem przetrwania.

Rozdział 1

Optymizm w trudnych sytuacjach

Najłatwiej zaobserwować optymizm w zachowaniu małych dzieci. Można powiedzieć, że rodzimy się z ogromnymi pokładami zapału, niestety, w toku wychowania i wprowadzania w świat dorosłych jest on zwykle skutecznie tłumiony. Energia ta rodzi u dzieci ogromną determinację, która w sytuacjach trudnych, ekstremalnych staje się potężnym narzędziem do wywierania wpływu na innych. Dorośli uginają się pod jego siłą, ale pewność, z jaką w tej sytuacji działają dzieci, zaskakuje rodziców i opiekunów i zmusza ich do podporządkowania się dziecięcej woli.

Przykładem niech będzie historia pewnej czarnoskórej dziewczynki, która żyła w USA w XVIII w. Jej mama, niewolnica na wielkiej plantacji, pewnego dnia zachorowała. Towarzysze niedoli złożyli się, oddając ostatnie grosze na zorganizowanie wizyty lekarskiej dla cierpiącej. Od lekarza dowiedzieli się, że jeśli kobieta nie otrzyma w szybkim czasie lekarstwa, umrze. Medykament kosztował 2 dolary – w tamtych okolicznościach była to dla czarnoskórych niewolników niebotyczna kwota.

Nikt zatem nawet nie próbował jej zebrać. Wszyscy pogodzili się z myślą, że kobieta jest skazana na śmierć. Wszyscy oprócz jej czteroletniej córeczki. Nie zważając na trudy i niebezpieczeństwo wyprawy, pobiegła do oddalonego o kilka kilometrów domu właściciela plantacji. Wiedziała, że żadnemu niewolnikowi bez wyraźnego pozwolenia nie wolno było nawet zbliżać się do bram posiadłości, jednak nie zatrzymała się ani na chwilę i bez wahania wbiegła wprost na podwórko, gdzie bawiły się dzieci plantatora. Wszystkie one były zaskoczone i przerażone widokiem małej niewolnicy. Miały świadomość, że za wtargnięcie na teren posesji czarnoskórą dziewczynkę czeka okrutna kara. Tak się złożyło, że z domu wyszedł akurat dorosły już syn właściciela majątku. On również był przerażony, ponieważ wiedział, że jeśli ojciec zobaczy dziewczynkę, cała historia skończy się dla niej tragicznie. Próbował przepędzić ją z podwórka, jednak czteroletnia bohaterka nie cofnęła się nawet wtedy, gdy syn właściciela zagroził jej widłami. Odważnie postąpiła na przód i łamiącym się głosem wykrzyczała: „Prze pana, prze pana, proszę mi dać 2 dolary!". Syn plantatora początkowo nie zrozumiał prośby i nadal próbował przepędzić krzyczącą, ale dziecko nie ustąpiło i nie cofnęło się nawet o krok. Wtedy przerażony i zdezorientowany mężczyzna sięgnął do kieszeni i rzucił jej garść banknotów. Gdy mała niewolnica wróciła do czworaków z pieniędzmi, wszyscy myśleli, że je ukradła. Ona jednak zdobyła je dzięki wielkiej determinacji i wierze, że jej matka nie może tak po prostu umrzeć.

Historia czarnoskórej dziewczynki z plantacji dowodzi, że determinacja i żarliwość potrafią być tak silne, iż uginają się przed nimi wszelkie przeszkody i blokady. Nie można jej oczywiście rozpatrywać w kategoriach logicznego działania. Zresztą logika aż nazbyt często blokuje w nas chęć pokonania przeszkód. Dlatego uważam, że warto zweryfikować schematy naszego myślenia i przekonań. Nie wiemy, czemu syn plantatora spełnił prośbę dziewczynki, ale jej postawa okazała się skuteczna, jej dziecięca podświadomość skierowała ją do właściwego miejsca, wiedziała, kto może mieć pieniądze.

Nawet nie wiem, czy ta historia jest prawdziwa, może to tylko zmyślona opowieść. Jednak jest to przykład, który mnie osobiście się podoba i uczy, że nasze umysły nadają znaczenie różnym sprawom. Możemy, jak chcemy, interpretować to, z czym się spotykamy na co dzień.

Przykład tej dziewczynki uczy też, że optymizm jest naturalną cechą osób prostolinijnych, które nie zostały jeszcze skażone pesymizmem, zniechęceniem, brakiem wiary w osiągnięcie celu. Źle się czuję, wiedząc, że współcześnie wpaja się młodym ludziom szkodliwe przesądy, bezpowrotnie zabijając cechy tak piękne i świeże, jak optymizm i pozytywne myślenie. Mając na uwadze, że są one naturalnymi przymiotami każdego dziecka, powinniśmy bardzo uważać, aby swoim nieostrożnym zachowaniem czy niebacznie rzucanymi słowami nie stłumić tych wspaniałych cech w naszych pociechach.

Rozdział 2

Warto być optymistą

Pozytywne nastawienie, wynikające z optymistycznej postawy i entuzjazmu, charakteryzuje się skłonnością do dostrzegania we wszystkim dobrych stron, wiarą w pomyślny rozwój wydarzeń. Głównym argumentem przemawiającym na korzyść pozytywnego nastawienia jest to, że dzięki niemu potrafimy lepiej wykorzystywać pojawiające się życiowe szanse. Gdybyśmy byli nastawieni negatywnie, nie wierzyli w powodzenie jakiegoś przedsięwzięcia, to zapewne nawet nie podjęlibyśmy próby wykorzystania danej szansy.

Oto przykład. Wyobraź sobie, że masz ogródek działkowy pod miastem. Dostałeś go od rodziców, bo oni sami nie są już w stanie się nim zajmować, nie pozwala im na to podeszły wiek i słabe zdrowie. Praca w nim jest dość ciężka i czasochłonna – trzeba regularnie dbać o altanę, warzywa, kwiaty, trawnik. Nie przepadasz za tym, więc narzekasz i ciągle marzysz o tym, by kupić kawałek ziemi gdzieś nad jeziorem, gdzie mógłbyś wypoczywać latem i w weekendy, kąpać się, wędkować. Wreszcie trafia się okazja – znajomy rodziców chce sprzedać domek letniskowy nad wodą. Co więc robisz? Oczywiście… nie kupujesz, nawet nie podejmujesz próby negocjacji ceny, bo nie wierzysz, że Twoje marzenie mogłoby się spełnić. Nie zastanawiasz się, skąd wziąć pieniądze, bo na pewno nikt nie kupi od Ciebie ogródka działkowego, więc nie ma sensu tego sprawdzać. I oczywiście ktoś inny kupuje domek nad jeziorem za bardzo korzystną cenę. Wkrótce okazuje się, że Twój ogródek ma zostać zlikwidowany, bo na tym terenie ma powstać centrum handlowe, a zapłata, jaką oferują działkowcom, stanowi niemal równowartość kwoty, za jaką można było kupić domek nad wodą.

Ty jednak wolałeś narzekać, zamiast nastawić się pozytywnie i działać. A wystarczyło, żebyś dowiedział się, ile ma kosztować domek i żebyś słuchał żony, która już kilka razy Ci wspominała, że ogródki mają likwidować. Uznałeś, że i tak Ci się nie uda. Straciłeś swoją szansę. Możesz powiedzieć: „A skąd miałem mieć pewność, że te ogródki na pewno zlikwidują? Kupiłbym domek za pożyczone pieniądze, a skąd potem wziąłbym na spłatę?". Odpowiem prosto: Na pewno było mnóstwo ludzi, którzy wiedzieli o likwidacji ogródków (wiedziała o tym przecież Twoja żona) i zapewne nie brakowałoby chętnych, którzy kupiliby od Ciebie ogródek, by potem dostać wyższą rekompensatę. Straciłbyś na tym? Być może. Ale teraz za kwotę z rekompensaty nie kupisz tego wymarzonego domku, bo ceny działek rekreacyjnych poszły w górę.

Oferta starszego pana, znajomego Twoich rodziców, była wyjątkowo korzystna. Ale skorzystał na tym ktoś inny, nie Ty. Bo Ty nie wierzyłeś, że Ci się uda. Nie nastawiłeś się pozytywnie. Może tak naprawdę nie zależało Ci na tym, by mieć domek nad jeziorem i lepiej czułeś się, narzekając na swój los?

Przyczyną jest brak pozytywnego nastawienia. Najpierw jednak musimy przekonać się, że pozytywne nastawienie jest lepsze niż negatywne. Najlepiej przekonywać się o tym, obserwując sukcesy innych. Czy myślisz że jakiś wybitny sportowiec – chociażby kulomiot Tomasz Majewski – zostałby mistrzem olimpijskim, gdyby tego nie chciał? Albo inaczej: gdyby nie wierzył, że nim zostanie? Gdyby się pozytywnie do tego nie nastawił? Czy sądzisz, że potrafiłby się odpowiednio zmotywować i znaleźć w sobie tyle sił i energii, że mógłby wręcz przekroczyć próg swoich dotychczasowych możliwości, gdyby myślał: „na pewno mi się nie uda..."? Odpowiedź jest oczywista – bez pozytywnego nastawienia nigdy by mu się to nie udało. A zatem mam nadzieję, że przekonałem Cię, iż pozytywne nastawienie do życia, do zadań, jakie przed nami stoją, przynosi dużo większe korzyści niż nastawienie negatywne. Daje nieporównywalnie większe szanse na spełnione i szczęśliwe życie.

☼

Rozdział 3

Optymista – jaki jest?

Pozytywne nastawienie jest lepsze niż negatywne. Ale jak nastawić się pozytywnie? Czy wystarczy tak postanowić? Jeśli nie potrafimy z siebie tego wykrzesać, to co zrobić? Jak się tego nauczyć? Jak sprawić, by szklanka wypełniona wodą do połowy zawsze wydawała się nam w połowie pełna, a nie w połowie pusta? Zanim zastanowimy się nad źródłami pozytywnego nastawienia, chcę zwrócić Twoją uwagę na to, jak poznać, że człowiek jest nastawiony pozytywnie.

Kim jest optymista? Przede wszystkim jest to człowiek, który wierzy w siebie i swój potencjał. Jest przekonany o własnej wartości, nie potrzebuje potwierdzania jej przez innych, tak samo jak nie oczekuje aprobaty dla podejmowanych przez siebie działań. Ma cel w życiu i odważnie do niego dąży. Jest skuteczny, odporny na stres, energiczny, umie przezwyciężać przeszkody. Ma odwagę zmieniać siebie i otaczający świat. Porażki go nie załamują, traktuje je jak cenne lekcje na przyszłość. Nie rozpamiętuje przeszłości ani nie obawia się o przyszłość. Potrafi podtrzymać na duchu innych.

XIX-wieczny psycholog i myśliciel **William James** opisał osobę pozytywnie nastawioną do świata jako człowieka uśmiechniętego, pogodnego, o wyprostowanej sylwetce, sprężystym kroku, energicznego, o mocnym uścisku dłoni, patrzącego innym prosto w oczy. Człowiek taki stara się zrozumieć innych, potrafi słuchać, okazuje szacunek, podziw i zainteresowanie rozmówcom. Wyraża się w sposób otwarty i zdecydowany. Taki człowiek podkreśla pozytywne cechy osób i pozytywne aspekty sytuacji, a jeśli krytykuje, czyni to w sposób delikatny, taktowny i konstruktywny.

Przedstawiłem tu obraz idealny, taki, do którego możemy dążyć. Oczywiście jest to trudne i być może niektórzy w tej chwili ulegają zwątpieniu, i myślą: przecież ja nie mam w sobie tyle energii, nie jestem taki i nigdy nie będę. Czy rzeczywiście? Czy jesteś pewien, że nigdy nie będziesz człowiekiem, który w pełni kieruje swoim życiem? Zastanów się, na pewno masz w sobie potencjał, bo każdy człowiek go ma. Jeśli zauważasz u siebie choć namiastki takiej postawy, masz ogromną szansę je rozwinąć i wykorzystać w życiu.

Dla siebie. To początek drogi.

Rozdział 4

Jak nastawić się pozytywnie?

Pozytywne nastawienie, wynikające z optymistycznej postawy i entuzjazmu, charakteryzuje się skłonnością do dostrzegania we wszystkim dobrych stron, wiarą w pomyślny rozwój wydarzeń i umiejętnością wykorzystywania pojawiających się szans.

Jeśli człowiek posiada jasno sprecyzowane życiowe cele, łatwiej mu być optymistą. Każdy powinien zatem uświadomić sobie, co jest dla niego ważne, ponieważ jego cele powinny pozostawać w zgodzie z jego kluczowymi wartościami. Stawiajmy przed sobą drobne wyzwania. Metoda małych kroków, czyli regularne osiąganie małych sukcesów, nie pozwoli nam się poddać, podtrzyma nasz entuzjazm. Marzenia i plany dają motywację, by codziennie rano wstawać z łóżka i cieszyć się każdym dniem. Szukajmy zatem inspiracji, gdziekolwiek się da. Otaczaj się ludźmi myślącymi pozytywnie, którzy radzą sobie w życiu, dzięki temu sam zaczniesz postępować w podobny sposób, a w trudnych chwilach ich postawa będzie dla Ciebie wsparciem.

Ważne jest, by dostrzegać dobre strony każdej sytuacji i nie dopuszczać do siebie złych myśli. Mówiąc najprościej, spodziewaj się od życia czegoś dobrego.

Nie należy jednak mylić pozytywnego nastawienia z naiwnością i brakiem realistycznego oglądu sytuacji. Prawdziwy realizm polega przecież na postrzeganiu świata takim, jaki on jest, i dostosowywaniu do niego swojego postępowania. Nie oznacza to wcale, że nie powinieneś podejmować nowych wyzwań ani wprowadzać nowatorskich pomysłów, nawet jeśli przez innych uznawane są one za nierealne. Odwaga w działaniu i przełamywaniu stereotypów rozwija poczucie własnej wartości i pozytywnie wpływa na poziom entuzjazmu i motywacji.

Zasoby wewnętrznej energii i sił witalnych można zwiększyć, prowadząc zdrowy tryb życia, dobrze się odżywiając, utrzymując aktywność fizyczną oraz ćwicząc techniki radzenia sobie ze stresem, który jest jednym z głównych czynników hamujących entuzjazm i pozytywne nastawienie.

Bardzo ważna jest też asertywna postawa, dzięki której możemy bronić swoich praw, nie krzywdząc innych. Wyraźne komunikowanie potrzeb i świadoma obrona własnego wewnętrznego komfortu pozwala uniknąć wielu trudnych czy niezręcznych sytuacji. Wówczas łatwiej nam skupiać się na robieniu rzeczy, które sprawiają nam przyjemność i przynoszą satysfakcję.

Nigdy nie przestawajmy się uczyć i eksperymentować. Starajmy się zdobywać nową wiedzę i umiejętności, okazywać ciekawość, czytać, pytać „dlaczego?". Osobom zniechęconym do klasycznych metod nauki proponuję poszukanie nowych, alternatywnych sposobów zdobywania wiedzy. Ważne jest także, aby podchodzić pozytywnie do nowości i zmian. Ludzie nie powinni tkwić w niekorzystnej dla siebie sytuacji tylko dlatego, że jest im ona dobrze znana. Nie bójmy się zmieniać sposobu myślenia, pracy, miejsca zamieszkania czy szkodliwych nawyków, których mamy już serdecznie dosyć.

Każda zmiana przynosi coś nowego i dobrego: nowe możliwości i okazje. Osoby, które mimo wszystko boją się zmian, mogą zaczynać od małych kroków: zmiany jakiegoś drobnego przyzwyczajenia, którego nie lubią, czy po prostu zrobienia czegoś nowego, czego dotąd nie miały okazji lub odwagi spróbować. Od razu poczują się lepiej i łatwiej im będzie dokonywać większych zmian w życiu.

Aby utrzymać pozytywne nastawienie, warto codziennie wieczorem podsumować w myślach, a jeszcze lepiej w specjalnym notatniku, dokonania mijającego dnia. Zastanów się, co dobrego i wartościowego zrobiłeś, pochwal samego siebie. Każdego ranka staraj się myśleć w jasnych barwach o czekającym Cię dniu. Pomyśl, co dobrego może Cię dzisiaj spotkać. Spraw, by wieczorne podsumowania i poranne projekcje weszły Ci w nawyk. W ten sposób obudzisz i podtrzymasz w sobie pozytywne nastawienie, odpędzisz negatywne myśli.

Metoda małych kroków pomaga także w realizacji długoterminowych celów, ponieważ warto co jakiś czas zatrzymać się i podsumowywać swoje sukcesy. Ciesz się nimi i bądź z nich dumny. W ten sposób podtrzymasz motywację do działania i nie utracisz entuzjazmu. Nie od razu Rzym zbudowano . Bądźmy cierpliwi wobec samych siebie.

☼

Rozdział 5

Wrogowie pozytywnego myślenia

Najgroźniejszymi wrogami pozytywnego nastawienia są: stres, zamartwianie się przeszłością, nadmierne niepokojenie o przyszłość. Jeśli pozwolimy, by naszymi myślami zawładnęły zmartwienia i niepokoje, stracimy całą energię i optymizm. Zwykle, planując zmiany, zakładamy także czarny scenariusz, dopuszczamy do siebie myśli o niepowodzeniu, co może prowadzić do powstania stresu. Aby temu zaradzić, możemy prowadzić wewnętrzny dialog, który pozwala podtrzymać nawyk pozytywnej interpretacji wydarzeń. Bądźmy świadomi, że najczęściej niepotrzebnie wyolbrzymiamy czyhające niebezpieczeństwa, a większość przewidywanych przez nas porażek nigdy nie zdarzy.

Lęk przed porażką utrudnia osiągnięcie wewnętrznej harmonii i szczęścia. Problem ten od wieków zajmuje myślicieli. Starożytni stoicy uważali, że głównymi przeszkodami są afekty: zawiść, pożądliwość, smutek i obawa. Mają one charakter destrukcyjny, pobudzają często do czynów haniebnych.

Rozdział 6

Metody radzenia sobie ze stresem

Stres, czyli stan mobilizacji psychicznej i fizycznej, spowodowany jest najczęściej sytuacjami, które traktujemy jak wyzwanie, a także problemami, z którymi nie potrafimy sobie poradzić, ponieważ dotychczasowe sposoby ich rozwiązywania zawiodły.

Żyjemy w coraz szybszym tempie, podlegamy różnym naciskom i ograniczeniom, rywalizujemy, boimy się stracić pracę, zdrowie, obawiamy się kryzysu ekonomicznego. Długotrwałe poczucie zagrożenia rodzi ogromny stres. Jest on nie tylko przyczyną problemów emocjonalnych, ale ma także zgubny wpływ na nasze zdrowie i życie. Ludzie wystawieni na długotrwałe działanie stresu popadają w uzależnienia, zapadają na ciężkie choroby: schorzenia układu krążenia, układu pokarmowego czy nerwowego.

Większość z nas ma swoje sposoby na odreagowanie stresu: spacer, lekturę, kąpiel, masaż. Niestety, nie każdy potrafi sam poradzić sobie ze wszystkimi trudnymi sytuacjami. Jest to przykre i smutne. Poniżej będziesz mógł przeczytać o sprawdzonych sposobach radzenia sobie ze stresem, które sam stosuję.

A. Mechanizm powstawania stresu

Po pierwsze należy zidentyfikować, co jest źródłem napięcia (stresorem) oraz uświadomić sobie własne emocje związane z daną sytuacją. Następnym krokiem niech będzie ustalenie, co można zrobić, by zneutralizować działanie stresora. Ważne, by odpowiedzieć sobie na pytanie, dlaczego konkretna sytuacja czy zachowanie wywołuje w nas uczucie napięcia. W tym celu możemy wziąć pod uwagę kilka różnych punktów widzenia, by uzyskać w miarę obiektywny obraz, który może się stać się punktem wyjścia do zmiany sytuacji. Niejednokrotnie taka analiza daje świadomość, że dalsze angażowanie się w jakąś sytuację byłoby tylko stratą czasu i energii. Wtedy możemy wyciągnąć wnioski na przyszłość i starać się unikać podobnych zdarzeń. Jeśli jednak istnieje możliwość zmiany, dokonujmy jej.

Prześledźmy to na przykładzie. Wyobraź sobie, że bierzesz tygodniowy urlop, by załatwić kilka osobistych spraw i spędzić czas z rodziną. O swojej nieobecności informujesz współpracowników i prosisz, by dzwonili do ciebie tylko w naprawdę pilnych kwestiach. Niestety, odbierasz po kilka telefonów dziennie i musisz poświęcać czas na załatwienie problemów, z którymi dzwonią Twoi współpracownicy. W efekcie po urlopie wracasz do pracy zły, zmęczony i sfrustrowany. Ani nie załatwiłeś spraw osobistych, na których Ci zależało, ani nie odpocząłeś, a ilość zadań służbowych, od których i tak nie udało Ci się uciec, jest teraz dwa razy większa, bo w trakcie Twojej nieobecności koledzy przerzucali na Ciebie swoje własne obowiązki. Rzeczywiście, w takiej sytuacji stres jest niemal nieunikniony. Aby sobie z nim poradzić, możemy najpierw określić jego źródło. W tym przypadku jest nim brak szacunku dla Twojego wolnego czasu ze strony współpracowników oraz wyraźne ignorowanie prośby o kontaktowanie się z Tobą wyłącznie w pilnych sprawach.

Z drugiej strony Ty sam przyczyniłeś się do powstania tej sytuacji, ponieważ odbierałeś telefony z pracy i za każdym razem starałeś się zająć sprawami, z którymi się do Ciebie zwracano. Pozwoliłeś więc na to, by wyznaczone przez Ciebie granice zostały przekroczone. Gdy uświadomisz sobie taką zależność, łatwo zrozumiesz, że można łatwo uniknąć podobnych wydarzeń w przyszłości. Możesz po pierwsze porozmawiać z kolegami z pracy i z przełożonym, by wyjaśnić, że przez ich postępowanie niemożliwy stał się Twój wypoczynek w czasie należnych każdemu pracownikowi wolnych dni. Po drugie powinieneś ustalić zasady na przyszłość. Można na przykład postanowić, że osoba na urlopie telefony lub e-maile będzie odbierać tylko raz dziennie o określonej porze, a do działań firmy włączy się jedynie wtedy, gdy będzie to absolutnie konieczne. Oczywiście pracownik przebywający na urlopie powinien bezwzględnie trzymać się tych ustaleń. Gdy on zacznie je łamać, inni tym bardziej nie będą ich szanować.

B. Wychodzenie ze stresu

Co zrobić, gdy już znajdziemy się w stanie silnego stresu i wzburzenia? Przede wszystkim nie możemy dać się porwać myślom i emocjom. Postarajmy się zatrzymać i spojrzeć na sytuację z dystansu.

Pomóc mogą: zadanie sobie pytania, czy wydarzenie, które jest źródłem stresu, będzie równie ważne jutro, za tydzień, za miesiąc lub za rok, a także, jeśli to możliwe, zwrócenie uwagi na humorystyczny aspekt problemu, co skutecznie rozładuje napięcie. Potem część osobistego czasu warto przeznaczyć na poważną refleksję nad swoim życiem: w jakim kierunku ono zmierza? Nie dajmy się pochłonąć codziennej bieganinie i unikając perfekcjonizmu, wyznaczajmy sobie realistyczne cele. Nie czyńmy zobowiązań, których nie będziemy w stanie dotrzymać. Starajmy się unikać ludzi i sytuacji, które budzą negatywne emocje, niech paliwem do działania będzie dla nas to, co przynosi spokój i zadowolenie.

Istnieje także szereg prostych sposobów na rozładowywanie istniejącego już napięcia. Jednym z nich jest ruch, aktywność fizyczna. Sport pomaga zrelaksować organizm poprzez przyspieszenie krążenia krwi, co zwiększa wydalanie z organizmu toksyn i hormonów odpowiedzialnych z powstawanie stresu. Każdy powinien dobrać taką formę rekreacji, która najbardziej mu odpowiada, a poszukując jej, nie powinien poddawać się przy pierwszym niepowodzeniu. Nie można jednak zmuszać się do czegoś, co kompletnie nie sprawia nam przyjemności.

Kojąco wpływa na nerwy spokojna, relaksacyjna muzyka. Warto otaczać się na co dzień bliskimi, życzliwymi osobami, które ofiarują wsparcie i zrozumienie. Można także pić uspokajające napary ziołowe.

Skuteczną metodą relaksacji jest też właściwe oddychanie. Większość z nas oddycha zbyt płytko, wyłącznie klatką piersiową, przez co nie dochodzi do całkowitej wymiany powietrza zalegającego w dolnej części płuc. W ten sposób blokujemy przepływ energii w naszym organizmie i nieświadomie zatrzymujemy w sobie niepożądane napięcia i stres. Warto nauczyć się głębokiego, relaksującego oddychania z większym wykorzystaniem przepony.

Dobrym lekiem na stres jest też bezinteresowna pomoc innym. Kontakt z drugim człowiekiem i udział w nietypowym przedsięwzięciu wzbogaci nasze wnętrze. Podniesie samoocenę. Zachowania altruistyczne mają niemal terapeutyczną moc, z której powinniśmy jak najczęściej korzystać.

Ważne jest także, by cieszyć się chwilą, doceniać to, co się ma: rodzinę, przyjaciół, pracę, hobby.

Czy stres może przynieść jakieś korzyści? Tak, jeśli nauczymy się wyciągać wnioski ze swoich błędów i zrobimy z tego użytek. Bardzo pomocne może być zapisywanie spostrzeżeń z analizy sytuacji wywołującej stres.

Rozdział 7

Spojrzenie w przyszłość

Mam nadzieję, że nie masz już żadnych wątpliwości, iż pozytywne nastawienie może przynieść Ci same korzyści, a narzekanie i czarnowidztwo jedynie szkodzi. Działa to jak samospełniające się proroctwo – jeśli wierzysz, że Twoje plany się powiodą, jest duże prawdopodobieństwo, że tak właśnie będzie, a jeżeli nastawiasz się od razu, że „i tak się nie uda", to się nie uda! Tak działa podświadomość, którą zaprogramowujesz pozytywnie bądź negatywnie, i to ona podsuwa Ci rozwiązania zgodne z Twoim nastawieniem, prowadząc Cię do celu takiego, jaki masz w głowie.

Nastaw się zatem pozytywnie i w ten sposób wysyłaj sygnały swojej podświadomości, która pomoże Ci zrealizować zamierzenia. Przede wszystkim jednak nie rozpamiętuj porażek, błędów i niepowodzeń – to przecież zdarza się każdemu, a przeszłości nie zmienisz. Patrz w przyszłość, bo tylko na nią masz wpływ. Oczywiście pozytywny.

Co możesz zapamiętać?

1. Otaczaj się ludźmi myślącymi pozytywnie i szukaj dobrych stron każdej sytuacji.
2. Poznaj korzyści płynące z pozytywnego nastawienia.
3. Naucz się skutecznie walczyć z najgroźniejszymi wrogami optymizmu i pozytywnego nastawienia: stresem, niepokojem o przyszłość i zamartwianiem się przeszłością.

Bibliografia

Albright M., Carr C., *Największe błędy menedżerów*, Warszawa 1997.
Allen B.D., Allen W.D., *Formuła 2+2. Skuteczny coaching*, Warszawa 2006.
Anderson Ch., *Za darmo: przyszłość najbardziej radykalnej z cen*, Kraków 2011.
Anthony R., *Pełna wiara w siebie*, Warszawa 2005.
Ariely D., *Zalety irracjonalności. Korzyści z postępowania wbrew logice w domu i pracy*, Wrocław 2010.
Bates W.H., *Naturalne leczenie wzroku bez okularów*, Katowice 2011.
Bettger F., *Jak umiejętnie sprzedawać i zwielokrotnić dochody*, Warszawa 1995.
Blanchard K., Johnson S., *Jednominutowy menedżer*, Konstancin-Jeziorna 1995.
Blanchard K., O'Connor M., *Zarządzanie poprzez wartości*, Warszawa 1998.
Bogacka A.W., *Zdrowie na talerzu*, Białystok 2008.
Bollier D., *Mierzyć wyżej. Historie 25 firm, które osiąg-

nęły sukces, łącząc skuteczne zarządzanie z realizacją misji społecznych, Warszawa 1999.

Bond W.J., *199 sytuacji, w których tracimy czas, i jak ich uniknąć*, Gdańsk 1995.

Bono E. de, *Dziecko w szkole kreatywnego myślenia*, Gliwice 2010.

Bono E. de, *Sześć kapeluszy myślowych*, Gliwice 2007.

Bono E. de, *Sześć ram myślowych*, Gliwice 2009.

Bono E. de, *Wodna logika. Wypłyń na szerokie wody kreatywności*, Gliwice 2011.

Bossidy L., Charan R., *Realizacja. Zasady wprowadzania planów w życie*, Warszawa 2003.

Branden N., *Sześć filarów poczucia własnej wartości*, Łódź 2010.

Branson R., *Zaryzykuj – zrób to! Lekcje życia*, Warszawa-Wesoła 2012.

Brothers J., Eagan E, *Pamięć doskonała w 10 dni*, Warszawa 2000.

Buckingham M., *To jedno, co powinieneś wiedzieć... o świetnym zarządzaniu, wybitnym przywództwie i trwałym sukcesie osobistym*, Warszawa 2006.

Buckingham M., *Wykorzystaj swoje silne strony. Użyj dźwigni swojego talentu*, Waszawa 2010

Buckingham M., Clifton D.O., *Teraz odkryj swoje silne strony*, Warszawa 2003.

Butler E., Pirie M., *Jak podwyższyć swój iloraz inteligencji?*, Gdańsk 1995.
Buzan T., *Mapy myśli*, Łódź 2008.
Buzan T., *Pamięć na zawołanie*, Łódź 1999.
Buzan T., *Podręcznik szybkiego czytania*, Łódź 2003.
Buzan T., *Potęga umysłu. Jak zyskać sprawność fizyczną i umysłową: związek umysłu i ciała*, Warszawa 2003.
Buzan T., Dottino T., Israel R., *Zwykli ludzie – liderzy. Jak maksymalnie wykorzystać kreatywność pracowników*, Warszawa 2008.
Carnegie D., *I ty możesz być liderem*, Warszawa 1995.
Carnegie D., *Jak przestać się martwić i zacząć żyć*, Warszawa 2011.
Carnegie D., *Jak zdobyć przyjaciół i zjednać sobie ludzi*, Warszawa 2011.
Carnegie D., *Po szczeblach słowa. Jak stać się doskonałym mówcą i rozmówcą*, Warszawa 2009.
Carnegie D., Crom M., Crom J.O., *Szkoła biznesu. O pozyskiwaniu klientów na zawsze*, Waszrszawa 2003
Cialdini R., *Wywieranie wpływu na ludzi*, Gdańsk 1998.
Clegg B., *Przyspieszony kurs rozwoju osobistego*, Warszawa 2002.
Cofer C.N., Appley M.H., *Motywacja: teoria i badania*, Warszawa 1972.

Cohen H., *Wszystko możesz wynegocjować. Jak osiągnąć to, co chcesz*, Warszawa 1997. r Covey S.R., 3. rozwiązanie, Poznań 2012.

Covey S.R., *7 nawyków skutecznego działania*, Poznań 2007.

Covey S.R., *8. nawyk*, Poznań 2006.

Covey S.R., Merrill A.R., Merrill R.R., *Najpierw rzeczy najważniejsze*, Warszawa 2007.

Craig M., *50 najlepszych (i najgorszych) interesów w historii biznesu*, Warszawa 2002.

Csikszentmihalyi M., *Przepływ: psychologia optymalnego doświadczenia*, Wrocław 2005

Davis R.C., Lindsmith B., *Ludzie renesansu: umysły, które ukształtowały erę nowożytną*, Poznań 2012

Davis R.D., Braun E.M., *Dar dysleksji. Dlaczego niektórzy zdolni ludzie nie umieją czytać i jak mogą się nauczyć*, Poznań 2001.

Dearlove D., *Biznes w stylu Richarda Bransona. 10 tajemnic twórcy megamarki*, Gdańsk 2009.

DeVos D., *Podstawy wolności. Wartości decydujące o sukcesie jednostek i społeczeństw*, Konstancin-Jeziorna 1998.

DeVos R.M., Conn Ch.P., *Uwierz! Credo człowieka czynu, współzałożyciela Amway Corporation, hołdującego zasadom, które uczyniły Amerykę wielką*, Warszawa 1994.

Dixit A.K., Nalebuff B.J., *Myślenie strategiczne. Jak zapewnić sobie przewagę w biznesie, polityce i życiu prywatnym*, Gliwice 2009.

Dixit A.K., Nalebuff B.J., *Sztuka strategii. Teoria gier w biznesie i życiu prywatnym*, Warszawa 2009.

Dobson J., *Jak budować poczucie wartości w swoim dziecku*, Lublin 1993.

Doskonalenie strategii (seria *Harvard Bussines Review*), praca zbiorowa, Gliwice 2006.

Dryden G., Vos J., *Rewolucja w uczeniu*, Poznań 2000.

Dyer W.W., *Kieruj swoim życiem*, Warszawa 2012.

Dyer W.W., *Pokochaj siebie*, Warszawa 2008.

Edelman R.C., Hiltabiddle T.R., Manz Ch.C., *Syndrom miłego człowieka*, Gliwice 2010.

Eichelberger W., Forthomme P., Nail F., *Quest. Twoja droga do sukcesu. Nie ma prostych recept na sukces, ale są recepty skuteczne*, Warszawa 2008.

Enkelmann N.B., *Biznes i motywacja*, Łódź 1997.

Eysenck H. i M., *Podpatrywanie umysłu. Dlaczego ludzie zachowują się tak, jak się zachowują?*, Gdańsk 1996.

Ferriss T., *4-godzinny tydzień pracy. Nie bądź płatnym niewolnikiem od 7.00 do 17.00*, Warszawa 2009.

Flexner J.T., Waschington. *Człowiek niezastąpiony*, Warszawa 1990.

Forward S., Frazier D., *Szantaż emocjonalny: jak obronić się przed manipulacją i wykorzystaniem*, Gdańsk 2011.

Frankl V.E., *Człowiek w poszukiwaniu sensu*, Warszawa 2009.

Fraser J.F., *Jak Ameryka pracuje*, Przemyśl 1910.

Freud Z., *Wstęp do psychoanalizy*, Warszawa 1994.

Fromm E., *Mieć czy być*, Poznań 2009.

Fromm E., *Niech się stanie człowiek. Z psychologii etyki*, Warszawa 2005.

Fromm E., *O sztuce miłości*, Poznań 2002.

Fromm E., *O sztuce słuchania. Terapeutyczne aspekty psychoanalizy*, Warszawa 2002.

Fromm E., *Serce człowieka. Jego niezwykła zdolność do dobra i zła*, Warszawa 2000.

Fromm E., *Ucieczka od wolności*, Warszawa 2001.

Fromm E., *Zerwać okowy iluzji*, Poznań 2000.

Galloway D., *Sztuka samodyscypliny*, Warszawa 1997.

Gardner H., *Inteligencje wielorakie – teoria w praktyce*, Poznań 2002.

Gawande A., *Potęga checklisty: jak opanować chaos i zyskać swobodę w działaniu*, Kraków 2012.

Gelb M.J., *Leonardo da Vinci odkodowany*, Poznań 2005.

Gelb M.J., Miller Caldicott S., *Myśleć jak Edison*, Poznań 2010.

Gelb M.J., *Myśleć jak geniusz*, Poznań 2004.

Gelb M.J., *Myśleć jak Leonardo da Vinci*, Poznań 2001.

Giblin L., *Umiejętność postępowania z innymi...*, Kraków 1993.

Girard J., Casemore R., *Pokonać drogę na szczyt*, Warszawa 1996.

Glass L., *Toksyczni ludzie*, Poznań 1998.

Godlewska M., *Jak pokonałam raka*, Białystok 2011.

Godwin M., *Kim jestem? 101 dróg do odkrycia siebie*, Warszawa 2001.

Goleman D., *Inteligencja emocjonalna*, Poznań 2002.

Gordon T., *Wychowywanie bez porażek szefów, liderów, przywódców*, Warszawa 1996.

Gorman T., *Droga do skutecznych działań. Motywacja*, Gliwice 2009.

Gorman T., *Droga do wzrostu zysków. Innowacja*, Gliwice 2009.

Greenberg H., Sweeney P., *Jak odnieść sukces i rozwinąć swój potencjał*, Warszawa 2007.

Habeler P., Steinbach K., *Celem jest szczyt*, Warszawa 2011.

Hamel G., Prahalad C.K., *Przewaga konkurencyjna jutra*, Warszawa 1999.

Hamlin S., *Jak mówić, żeby nas słuchali*, Poznań 2008.

Hill N., *Klucze do sukcesu*, Warszawa 1998.

Hill N., *Magiczna drabina do sukcesu*, Warszawa 2007.

Hill N., *Myśl!... i bogać się. Podręcznik człowieka interesu*, Warszawa 2012.

Hill N., *Początek wielkiej kariery*, Gliwice 2009.

Ingram D.B., Parks J.A., *Etyka dla żółtodziobów, czyli wszystko, co powinieneś wiedzieć o...*, Poznań 2003.

Jagiełło J., Zuziak W. [red.], *Człowiek wobec wartości*, Kraków 2006.

James W., *Pragmatyzm*, Warszawa 2009.

Jamruszkiewicz J., *Kurs szybkiego czytania*, Chorzów 2002.

Johnson S., *Tak czy nie. Jak podejmować dobre decyzje*, Konstancin-Jeziorna 1995.

Jones Ch., *Życie jest fascynujące*, Konstancin-Jeziorna 1993.

Kanter R.M., *Wiara w siebie. Jak zaczynają się i kończą dobre i złe passy*, Warszawa 2006.

Keller H., *Historia mojego życia*, Warszawa 1978.

Kirschner J., *Zwycięstwo bez walki. Strategie przeciw agresji*, Gliwice 2008.

Koch R., *Zasada 80/20. Lepsze efekty mniejszym nakładem sił i środków*, Konstancin--Jeziorna 1998.

Kopmeyer M.R., *Praktyczne metody osiągania sukcesu*, Warszawa 1994.

Ksenofont, *Cyrus Wielki. Sztuka zwyciężania*, Warszawa 2008.

Kuba A., Hausman J., *Dzieje samochodu*, Warszawa 1973.

Kumaniecki K., *Historia kultury starożytnej Grecji i Rzymu*, Warszawa 1964.

Lamont G., *Jak podnieść pewność siebie*, Łódź 2008.

Leigh A., Maynard M., *Lider doskonały*, Poznań 1999.

Littauer F., *Osobowość plus*, Warszawa 2007.

Loreau D., *Sztuka prostoty*, Warszawa 2009.
Lott L., Intner R., Mendenhall B., *Autoterapia dla każdego. Spróbuj w osiem tygodni zmienić swoje życie*, Warszawa 2006.
Maige Ch., Muller J.-L., *Walka z czasem. Atut strategiczny przedsiębiorstwa*, Warszawa 1995.
Mansfield P., *Jak być asertywnym*, Poznań 1994.
Martin R., *Niepokorny umysł. Poznaj klucz do myślenia zintegrowanego*, Gliwice 2009.
Maslow A., *Motywacja i osobowość*, Warszawa 2009.
Matusewicz Cz., *Wprowadzenie do psychologii*, Warszawa 2011.
Maxwell J.C., *21 cech skutecznego lidera*, Warszawa 2012.
Maxwell J.C., *Tworzyć liderów, czyli jak wprowadzać innych na drogę sukcesu*, Konstancin-Jeziorna 1997.
Maxwell J.C., *Wszyscy się komunikują, niewielu potrafi się porozumieć*, Warszawa 2011.
McCormack M.H., *O zarządzaniu*, Warszawa 1998.
McElroy K., *Jak inwestować w nieruchomości. Znajdź ukryte zyski, których większość inwestorów nie dostrzega*, Osielsko 2008.
McGee P., *Pewność siebie. Jak mała zmiana może zrobić wielką różnicę*, Gliwice 2011.
McGrath H., Edwards H., *Trudne osobowości. Jak radzić sobie ze szkodliwymi zachowaniami innych oraz własnymi*, Poznań 2010.

Mellody P., Miller A.W., Miller J.K., *Toksyczna miłość i jak się z niej wyzwolić*, Warszawa 2013.

Melody B., *Koniec współuzależnienia*, Poznań 2002.

Miller M., *Style myślenia*, Poznań 2000.

Mingotaud F., *Sprawny kierownik. Techniki osiągania sukcesów*, Warszawa 1994.

MJ DeMarco, *Fastlane milionera*, Katowice 2012.

Morgenstern J., *Jak być doskonale zorganizowanym*, Warszawa 2000.

Nay W.R., *Związek bez gniewu. Jak przerwać błędne koło kłótni, dąsów i cichych dni*, Warszawa 2011.

Nierenberg G.I., *Ekspert. Czy nim jesteś?*, Warszawa 2001.

Ogger G., *Geniusze i spekulanci, Jak rodził się kapitalizm*, Warszawa 1993.

Osho, *Księga zrozumienia. Własna droga do wolności*, Warszawa 2009.

Parkinson C.N., *Prawo pani Parkinson*, Warszawa 1970.

Peale N.V., *Entuzjazm zmienia wszystko. Jak stać się zwycięzcą*, Warszawa 1996.

Peale N.V., *Możesz, jeśli myślisz, że możesz*, Warszawa 2005.

Peale N.V., *Rozbudź w sobie twórczy potencjał*, Warszawa 1997.

Peale N.V., *Uwierz i zwyciężaj. Jak zaufać swoim myślom i poczuć pewność siebie*, Warszawa 1999.

Pietrasiński Z., *Psychologia sprawnego myślenia*, Warszawa 1959.

Pilikowski J., *Podróż w świat etyki*, Kraków 2010.

Pink D.H., *Drive*, Warszawa 2011.

Pirożyński M., *Kształcenie charakteru*, Poznań 1999.

Pismo Święte Starego i Nowego Testamentu. Biblia Tysiąclecia, Warszawa 2002.

Pismo Święte w Przekładzie Nowego Świata, 1997.

Popielski K., *Psychologia egzystencji. Wartości w życiu*, Lublin 2009.

Poznaj swoją osobowość, Bielsko-Biała 1996.

Przemieniecki J., *Psychologia jednostki. Odkoduj szyfr do swego umysłu*, Warszawa 2008.

Pszczołowski T., *Umiejętność przekonywania i dyskusji*, Gdańsk 1998.

Reiman T., *Potęga perswazyjnej komunikacji*, Gliwice 2011.

Robbins A., *Nasza moc bez granic. Skuteczna metoda osiągania życiowych sukcesów za pomocą NLP*, Konstancin-Jeziorna 2009.

Robbins A., *Obudź w sobie olbrzyma... i miej wpływ na całe swoje życie – od zaraz*, Poznań 2002.

Robbins A., *Olbrzymie kroki*, Warszawa 2001.

Robert M., *Nowe myślenie strategiczne: czyste i proste*, Warszawa 2006.

Robinson J.W., *Imperium wolności. Historia Amway Corporation*, Warszawa 1997.

Rose C., Nicholl M.J., *Ucz się szybciej, na miarę XXI wieku*, Warszawa 2003.

Rose N., *Winston Churchill. Życie pod prąd*, Warszawa 1996.

Rychter W., *Dzieje samochodu*, Warszawa 1962.

Ryżak Z., *Zarządzanie energią kluczem do sukcesu*, Warszawa 2008.

Savater F., *Etyka dla syna*, Warszawa 1996.

Schäfer B., *Droga do finansowej wolności. Pierwszy milion w ciągu siedmiu lat*, Warszawa 2011.

Schäfer B., *Zasady zwycięzców*, Warszawa 2007.

Scherman J.R., *Jak skończyć z odwlekaniem i działać skutecznie*, Warszawa 1995.

Schuller R.H., *Ciężkie czasy przemijają, bądź silny i przetrwaj je*, Warszawa 1996.

Schwalbe B., Schwalbe H., Zander E., *Rozwijanie osobowości. Jak zostać sprzedawcą doskonałym*, tom 2, Warszawa 1994.

Schwartz D.J., *Magia myślenia kategoriami sukcesu*, Konstancin-Jeziorna 1994.

Schwartz D.J., *Magia myślenia na wielką skalę. Jak zaprząc duszę i umysł do wielkich osiągnięć*, Warszawa 2008.

Scott S.K., *Notatnik milionera. Jak zwykli ludzie mogą osiągać niezwykłe sukcesy*, Warszawa 1997.

Sedlak K. [red.], *Jak poszukiwać i zjednywać najlepszych pracowników*, Kraków 1995.

Seiwert L.J., *Jak organizować czas*, Warszawa 1998.
Seligman M.E.P., *Co możesz zmienić, a czego nie możesz*, Poznań 1995.
Seligman M.E.P., *Pełnia życia*, Poznań 2011.
Seneka, *Myśli*, Kraków 1989.
Sewell C., Brown P.B., *Klient na całe życie, czyli jak przypadkowego klienta zmienić w wiernego entuzjastę naszych usług*, Warszawa 1992.
Słownik pisarzy antycznych, Warszawa 1982.
Smith A., *Umysł*, Warszawa 1989.
Spector R., *Amazon.com. Historia przedsiębiorstwa, które stworzyło nowy model biznesu*, Warszawa 2000.
Spence G., *Jak skutecznie przekonywać... wszędzie i każdego dnia*, Poznań 2001.
Sprenger R.K., *Zaufanie # 1*, Warszawa 2011.
Staff L., *Michał Anioł*, Warszawa 1990.
Stone D.C., *Podążaj za swymi marzeniami*, Konstancin-Jeziorna 1998.
Swiet J., *Kolumb*, Warszawa 1979.
Szurawski M., *Pamięć. Trening interaktywny*, Łódź 2004.
Szyszkowska M., *W poszukiwaniu sensu życia*, Warszawa 1997.
Tatarkiewicz W., *O szczęściu*, Warszawa 1979.
Tavris C., Aronson E., *Błądzą wszyscy (ale nie ja)*, Sopot-Warszawa 2008.

Tracy B., *Milionerzy z wyboru. 21 tajemnic sukcesu*, Warszawa 2002.

Tracy B., *Plan lotu. Prawdziwy sekret sukcesu*, Warszawa 2008.

Tracy B., Scheelen F.M., *Osobowość lidera*, Warszawa 2001.

Tracy B., *Sztuka zatrudniania najlepszych. 21 praktycznych i sprawdzonych technik do wykorzystania od zaraz*, Warszawa 2006.

Tracy B., *Turbostrategia. 21 skutecznych sposobów na przekształcenie firmy i szybkie zwiększenie zysków*, Warszawa 2004.

Tracy B., *Zarabiaj więcej i awansuj szybciej. 21 sposobów na przyspieszenie kariery*, Warszawa 2007.

Tracy B., *Zarządzanie czasem*, Warszawa 2008.

Tracy B., *Zjedz tę żabę. 21 metod podnoszenia wydajności w pracy i zwalczania skłonności do zwlekania*, Warszawa 2005.

Twentier J.D., *Sztuka chwalenia ludzi*, Warszawa 1998.

Urban H., *Moc pozytywnych słów*, Warszawa 2012.

Ury W., *Odchodząc od nie. Negocjowanie od konfrontacji do kooperacji*, Warszawa 2000.

Vitale J., Klucz do sekretu. *Przyciągnij do siebie wszystko, czego pragniesz*, Gliwice 2009.

Waitley D., *Być najlepszym*, Warszawa 1998.

Waitley D., *Imperium umysłu*, Konstancin-Jeziorna 1997.

Waitley D., *Podwójne zwycięstwo*, Warszawa 1996.
Waitley D., *Sukces zależy od właściwego momentu*, Warszawa 1997.
Waitley D., Tucker R.B., *Gra o sukces. Jak zwyciężać w twórczej rywalizacji*, Warszawa 1996.
Walton S., Huey J., *Sam Walton. Made in America*, Warszawa 1994.
Waterhouse J., Minors D., Waterhouse M., *Twój zegar biologiczny. Jak żyć z nim w zgodzie*, Warszawa 1993.
Wegscheider-Cruse S., *Poczucie własnej wartości. Jak pokochać siebie*, Gdańsk 2007.
Wilson P., *Idealna równowaga. Jak znaleźć czas i sposób na pełnię życia*, Warszawa 2010.
Ziglar Z., *Do zobaczenia na szczycie*, Warszawa 1995.
Ziglar Z., *Droga na szczyt*, Konstancin-Jeziorna 1995.
Ziglar Z., *Ponad szczytem*, Warszawa 1995.

O autorze

Andrzej Moszczyński od 30 lat aktywnie zajmuje się działalnością biznesową. Jego główną kompetencją jest tworzenie skutecznych strategii dla konkretnych obszarów biznesu.

W latach 90. zdobywał doświadczenie w branży reklamowej – był prezesem i założycielem dwóch spółek z o.o. Zatrudniał w nich ponad 40 osób. Spółki te były liderami w swoich branżach, głównie w reklamie zewnętrznej – tranzytowej (reklamy na tramwajach, autobusach i samochodach). W 2001 r. przejęciem pakietów kontrolnych w tych spółkach zainteresowały się dwie firmy: amerykańska spółka giełdowa działająca w ponad 30 krajach, skupiająca się na reklamie radiowej i reklamie zewnętrznej oraz największy w Europie fundusz inwestycyjny. W 2003 r. Andrzej sprzedał udziały w tych spółkach inwestorom strategicznym.

W latach 2005-2015 był prezesem i założycielem spółki, która zajmowała się kompleksową komercjalizacją liderów rynku deweloperskiego (firma w sumie sprzedała ponad 1000 mieszkań oraz 350 apartamentów hotelowych w systemie condo).

W latach 2009-2018 był akcjonariuszem strategicznym oraz przewodniczącym rady nadzorczej fabryki urządzeń okrętowych Expom SA. Spółka ta zasięgiem działania obejmuje cały świat, dostarczając urządzenia (w tym dźwigi i żurawie) dla branży morskiej. W 2018 r. sprzedał pakiet swoich akcji inwestorowi branżowemu.

W 2014 r. utworzył w USA spółkę LLC, która działa w branży wydawniczej. W ciągu 14 lat (poczynając od 2005 r.) napisał w sumie 22 kieszonkowe poradniki z dziedziny rozwoju kompetencji miękkich – obszaru, który ma między innymi znaczenie strategiczne dla budowania wartości niematerialnych i prawnych przedsiębiorstw. Poradniki napisane przez Andrzeja koncentrują się na przekazaniu wiedzy o wartościach i rozwoju osobowości – czynnikach odpowiedzialnych za prowadzenie dobrego życia, bycie spełnionym i szczęśliwym.

Andrzej zdobywał wiedzę z dziedziny budowania wartości firm oraz tworzenia skutecznych strategii przy udziale następujących instytucji: Ernst & Young, Gallup Institute, PricewaterhauseCoopers (PwC) oraz Harward Business Review. Jego kompetencje można przyrównać do pracy **stroiciela instrumentu.**

Kiedy miał 7 lat, mama zabrała go do szkoły muzycznej, aby sprawdzić, czy ma talent. Przeszedł test pozytywnie – okazało się, że może rozpocząć edukację muzyczną. Z różnych powodów to nie nastąpiło. Często jednak w jego książkach czy wykładach można usłyszeć bądź przeczytać przykłady związane ze światem muzyki.

Dlaczego można przyrównać jego kompetencje do pracy stroiciela na przykład fortepianu? Stroiciel udoskonala fortepian, aby jego dźwięk był idealny. Każdy fortepian ma swój określony potencjał mierzony jakością dźwięku – dźwięku, który urzeka i wprowadza ludzi w stan relaksu, a może nawet pozytywnego ukojenia. Podobnie jak stroiciel Andrzej udoskonala różne procesy – szczególnie te, które dotyczą relacji z innymi ludźmi. Wierzy, że ludzie posiadają mechanizm psychologiczny, który można symbolicznie przyrównać do **mentalnego żyroskopu** czy **mentalnego noktowizora**. Rola Andrzeja polega na naprawieniu bądź wprowadzeniu w ruch tych „urządzeń".

Żyroskop jest urządzeniem, które niezależnie od komplikacji pokazuje określony kierunek. Tego typu urządzenie wykorzystywane jest na statkach i w samolotach. Andrzej jest przekonany, że rozwijanie **koncentracji i wyobraźni** prowadzi do włączenia naszego mentalnego żyroskopu. Dzięki temu możemy między innymi znajdować skuteczne rozwiązania skomplikowanych wyzwań.

Noktowizor to wyjątkowe urządzenie, które umożliwia widzenie w ciemności. Jest wykorzystywane przez wojsko, służby wywiadowcze czy myśliwych. Życie Andrzeja ukierunkowane jest na badanie tematu źródeł wewnętrznej motywacji – siły skłaniającej do działania, do przejawiania inicjatywy, do podejmowania wyzwań, do wchodzenia w obszary zupełnie nieznane. Andrzej ma przekonanie, że rozwijanie **poczucia własnej wartości** prowadzi do włączenia naszego mentalnego noktowizora. Bez optymalnego poczucia własnej wartości życie jest ciężarem.

W swojej pracy Andrzej koncentruje się na procesach podnoszących jakość następujących obszarów: właściwe interpretowanie zdarzeń, wyciąganie wniosków z analizy porażek oraz sukcesów, formułowanie właściwych pytań, a także korzystanie z wyobraźni w taki sposób, aby przewidywać swoją przyszłość, co łączy się bezpośrednio z umiejętnością strategicznego myślenia. Umiejętności te pomagają rozumieć mechanizmy wywierania wpływu przez inne osoby i umożliwiają niepoddawanie się wszechobecnej indoktrynacji. Kiedy mentalny noktowizor działa poprawnie, przekazuje w odpowiednim czasie sygnały ostrzegające, że ktoś posługuje się manipulacją, aby osiągnąć swoje cele.

Andrzej posiada również doświadczenie jako prelegent, co związane jest z jego zaangażowaniem w działania społeczne. W ostatnich 30 latach był zapraszany do udziału w różnych szkoleniach i seminariach, zgromadzeniach czy kongresach – w sumie jako mówca wystąpił ponad 700 razy. Jego przemówienia i wykłady znane są z inspirujących przykładów i zachęcających pytań, które mobilizują słuchaczy do działania.

Opinie o książce

Małe dziecko przychodzi na świat bez instrukcji obsługi, o czym boleśnie przekonują się kolejne pokolenia młodych rodziców. A jednak mimo tej pozornej przeszkody ludzkość była i jest w stanie poradzić sobie z tym wyzwaniem. Jak? Młodzi rodzice szybko uczą się – głównie metodą prób i błędów – jak zaspokajać potrzeby swojego dziecka. Rodzicielstwo to ciekawa mieszanka zaufania do własnej intuicji, pomocy bliskich i odwołania do wiedzy ekspertów. To nie stały zestaw umiejętności, które ujawniają się w chwili narodzin dziecka, lecz raczej proces nabywania nowych umiejętności dostosowanych do potrzeb i rozwoju własnych pociech.

Nie inaczej jest w przypadku rozpoznania swoich talentów i wykorzystania ich w codziennym życiu. Nie są to zdolności, jakie nabywa się po przeczytaniu jednej książki lub uczestniczeniu w weekendowych warsztatach, lecz raczej droga, na którą się wchodzi świadomie i którą podąża przez resztę życia. Wybierając się w podróż, zwykle pakujemy ze sobą przewodnik i mapę, dlatego też podczas podróży do własnego wnętrza także warto sięgnąć po jakiś przewodnik. Seria książek autorstwa Andrzeja Moszczyńskiego jest właśnie takim przewodnikiem, zawierającym cenne podpowiedzi oraz techniki odkrywania i wykorzystywania swoich talentów. Autor nie stawia się w pozycji eksperta wiedzącego lepiej, co jest dla nas dobre, lecz raczej doradcy odwołującego się szeroko do filozofii, literatury, współczesnych technik doskonalenia osobowości i własnych doświadczeń. Zdecydowanymi mocnymi stronami tej serii są przykłady z życia ilustrujące prezentowane zagadnienia oraz bogata bibliografia służąca jako punkt do dalszych poszukiwań dla wszystkich zainteresowanych doskonaleniem osobowości. Uważam, że seria ta będzie pomocna dla każdego zainteresowanego świadomym życiem i rozwojem osobistym.

Ania Bogacka
Editorial Consultant and Life Coach

* * *

Na rynku książek wybór poradników jest ogromny, ale wśród tego ogromu istnieją jasne punkty, w oparciu o które można kierować swoim życiem tak, by osiągnąć spełnienie. Samorealizacja jest osiągana poprzez mądrość i świadomość. To samo sprawia, że książki Andrzeja Moszczyńskiego są tak użyteczne i podnoszące na duchu. Dzielenie się mądrością w formie przykładów wielu historycznych postaci oświetla drogę w tej kluczowej podróży. Każda z książek Andrzeja jest kompletna sama w sobie, jednak wszystkie razem stanowią zestaw narzędzi, przy pomocy których każdy z nas może ulepszyć umysł i serce, aby ostatecznie przyjąć proaktywną i współczującą postawę wobec życia. Jako osoba, która badała i edytowała wiele tekstów z filozofii i duchowości, mogę z entuzjazmem polecić tę książkę.

Lawrence E. Payne

Dodatek

Cytaty, które pomagały autorowi napisać tę książkę

Na temat rozwoju

Przeznaczeniem człowieka jest jego charakter.

Heraklit z Efezu

Osobowość kształtuje się nie poprzez piękne słowa, lecz pracą i własnym wysiłkiem.

Albert Einstein

Na temat nastawienia do życia

Jeśli jesteś nieszczęśliwy, to dlatego, że cały czas myślisz raczej o tym, czego nie masz, zamiast koncentrować się na tym, co masz w danej chwili.

Anthony de Mello

W końcu, bracia, wszystko, co jest prawdziwe, co godne, co sprawiedliwe, co czyste, co miłe, co zasługuje na uznanie: jeśli jest jakąś cnotą i czynem chwalebnym – to miejcie na myśli.

List do Filipian 4:8

Na temat szczęścia

Ludzie są na tyle szczęśliwi, na ile sobie pozwolą nimi być.

Abraham Lincoln

Więcej szczęścia jest w dawaniu aniżeli w braniu.

Dz 20:35

Na temat poczucia własnej wartości

Bez Twojego pozwolenia nikt nie może sprawić, że poczujesz się gorszy.

Eleanor Roosevelt

Na temat możliwości człowieka

Nie ma rzeczy niemożliwych, są tylko te trudniejsze do wykonania.

Henry Ford

Gdybyśmy robili wszystkie rzeczy, które jesteśmy w stanie zrobić, wprawilibyśmy się w ogromne zdumienie.

Thomas Edison

Na temat poznawania siebie

Najpierw sami tworzymy własne nawyki, potem nawyki tworzą nas.

John Dryden

Na temat wiary w siebie

Człowiek, który zyska i zachowa władzę nad sobą, dokona rzeczy największych i najtrudniejszych.

Johann Wolfgang von Goethe

Ludzie potrafią, gdy sądzą, że potrafią.

Wergiliusz

Na temat wnikliwości

Prawdę należy mówić tylko temu, kto chce jej słuchać.

Seneka Starszy

Język mądrych jest lekarstwem.

Księga Przysłów 12:18

Na temat wytrwałości

Nic na świecie nie zastąpi wytrwałości. Nie zastąpi jej talent – nie ma nic powszechniejszego niż ludzie utalentowani, którzy nie odnoszą sukcesów. Nie uczyni niczego sam geniusz – nienagradzany geniusz to już prawie przysłowie. Nie uczyni niczego też samo wykształcenie – świat jest pełen ludzi wykształconych, o których zapomniano. Tylko wytrwałość i determinacja są wszechmocne.

John Calvin Coolidge

Możemy zrealizować każde zamierzenie, jeśli potrafimy trwać w nim wystarczająco długo.

Helen Keller

Tak samo, jak pojedynczy krok nie tworzy ścieżki na ziemi, tak pojedyncza myśl nie stworzy ścieżki w Twoim umyśle. Prawdziwa ścieżka powstaje, gdy chodzimy po niej wielokrotnie. Aby stworzyć głęboką ścieżkę mentalną, potrzebne jest wielokrotne powtarzanie myśli, które mają zdominować nasze życie.

Napoleon Bonaparte

Na temat entuzjazmu

Tylko przykład jest zaraźliwy.

Lope de Vega

Na temat odwagi

Życie albo jest śmiałą przygodą, albo nie jest życiem. Nie lękać się zmian, a w obliczu kapryśności losu zachowywać hart ducha – oto siła nie do pokonania.

Helen Keller

Silny jest ten, kto potrafi przezwyciężyć swe szkodliwe przyzwyczajenia.

Benjamin Franklin

Życie jest przygodą dla odważnych albo niczym.

Helen Keller

Na temat realizmu

Kto z was, chcąc zbudować wieżę, nie usiądzie wpierw i nie obliczy wydatków, czy ma na jej wykończenie.

Ew. Łukasza 14:28

Pesymista szuka przeciwności w każdej okazji, optymista widzi okazje w każdej przeciwności.

Winston Churchill

Dajcie mi odpowiednio długą dźwignię i wystarczająco mocną podporę, a sam poruszę cały glob.

Archimedes

OFERTA WYDAWNICZA
Andrew Moszczynski Group sp. z o.o.

www.ingramcontent.com/pod-product-compliance
Lightning Source LLC
LaVergne TN
LVHW090037080526
838202LV00046B/3851